BLOCUS

ET

BOMBARDEMENTS

DE VERDUN

*Ne quid falsi audeat, ne quid
veri dicere non audeat.*

VERDUN

IMPRIMERIE DE CH. LAURENT, ÉDITEUR

1, RUE DES GROS-DEGRÉS, 1

1871

PROLOGUE

Ne quid falsi audeat, ne quid veri dicere non audeat; n'oser rien dire de faux, ne pas hésiter à dire le vrai, telle doit être la devise de l'écrivain qui se respecte. J'y serai fidèle; je ne crains pas que l'on m'accuse d'altérer ou d'aggraver les faits : l'histoire est là toute récente, toute chaude, des événements que j'ai racontés, et les faits et les hommes sont encore en présence.

Ce qu'on va lire n'était qu'une simple lettre à un ami : elle a dépassé de beaucoup le cadre ordinaire de ce genre d'écrit; j'ai laissé aller ma plume, et je livre aujourd'hui, sans la retoucher, cette causerie intime.

BLOCUS

ET

BOMBARDEMENTS DE VERDUN

La déclaration de guerre faite à la Prusse par un homme en délire et par la majorité d'une chambre complaisante, m'a profondément attristé. D'abord je considère la guerre comme la plus grande immoralité, comme la substitution de la force brutale à la justice et au droit; ensuite je savais combien peu nous étions prêts et quel cas nous devions faire de quelques-uns de nos officiers de salon. Tous ceux qui étaient éblouis des idées de gloire si différentes de celles de bonheur, me faisaient mal. Aujourd'hui la funeste expérience que nous avons faite a dû les guérir de leur fol enthousiasme et de leur adulation pour le maître. Mais laissons là les idées et venons aux faits, à l'histoire des tristes jours que nous avons passés renfermés dans nos murs.

Le 3 août arriva la dépêche sur la prétendue victoire de Sarrebruck, où l'exagération le disputait au ridicule, où se trouvait cette phrase de l'adulation la plus sotte: « Le prince impérial a reçu le baptême du feu!!! » Le lendemain, des échecs sont proclamés au milieu de la consternation générale. Notre administration municipale imite l'appel aux armes de notre Grande Révolution devant l'Europe coalisée. Le 6 août, dépêches sur dépêches, plus alarmantes les unes que les autres; mise en état de guerre de la ville de Verdun; le 7, mise en état de siége ; tout est soumis à l'administration militaire; l'ordre est donné de s'approvisionner de farine et de vivres pour six semaines. Nous étions presque sans troupes; la garde mobile arrivait; on manquait d'ordres; elle ne s'organisait pas. Les habitants pressèrent l'administration municipale de demander des armes pour eux. Le général répondit qu'il n'y en avait pas. Enfin le décret ordonnant la réorganisation de la garde nationale parut : on nous mena à l'arsenal, où, après avoir pris les fusils nécessaires à l'armement des mobiles, des gardes nationaux et des francs-tireurs, nous laissâmes encore de quoi armer trente ou quarante mille hommes de fusils à tabatière. Et la veille on disait : Il n'y a pas de fusils !!!

Les jours suivants, pour déblayer les premières zônes militaires autour des fortifications, on rasait les jardins : kiosques, maisonnettes, bosquets, arbres fruitiers, arbrisseaux, haies, palissades, fleurs même tombaient sous la hache impitoyable des bûcherons des villages voisins. Abandonnés la plupart du temps à eux-mêmes, ils s'acquittaient de la mission que leur avait confiée le génie avec une joie et un zèle sauvages, et outrepassaient partout les ordres qu'ils avaient reçus.

Imaginez-vous notre empereur sortant de Metz et fuyant devant l'invasion, passant au milieu de ces ruines, escorté d'une foule insolente de maréchaux, de généraux, tous gros et gras, et couverts d'or, notre empereur, suivi de ses cuisines, de ses écuries (250 chevaux au moins), de ses valets superbes, de ses voitures, attirail magnifique qui occupait plus d'un kilomètre sur la route, et qui, défilant dans notre cité, me semblait un outrage au deuil public. Le silence des peuples, a dit un écrivain, est la leçon des rois : partout sur sa route il a dû la recevoir. Et notez qu'il avait fallu, pour escorter tout cela, affaiblir l'armée de Metz qui, d'un moment à l'autre, pouvait être obligée d'en venir aux mains avec des forces bien supérieures aux siennes. En effet, de l'artillerie et d'autres troupes avaient protégé sa fuite jusques à Etain, et deux régiments de chasseurs d'Afrique, un escadron des guides et de la garde impériale lui faisaient escorte.

Au même moment, on publiait à son de caisse dans les rues de la ville, un appel du sous-préfet à tous les hommes valides, qu'il invitait à s'armer et à partir immédiatement pour Châlons. Que tout cela était triste !

On dit que Sa Majesté s'impatientait à la gare de ce que la locomotive qui devait l'emporter vers Châlons n'était point prête. Il tremblait sans doute d'être surpris lui et son fils par les nombreux corps de troupes prussiennes qui, sous les ordres du prince royal, allaient contourner Verdun et rejoindre l'armée de Frédérick-Charles. On affirme aussi que, promenant sa longue vue sur les montagnes qui nous dominent, l'empereur demanda où étaient les forts qui protégeaient la ville. Dérision !

Pendant plusieurs jours, une partie de l'escorte impériale campa sur les glacis, entre la porte de France et la gare. Une foule avide de voir et d'apprendre allait contempler ces mâles figures brunies par le soleil d'une autre zône. Tous interrogeaient ces vaillants soldats, qui déjà avaient essuyé le feu terrible de l'ennemi, et qui ne désespéraient pas de prendre bientôt d'éclatantes revanches. Du haut de la côte Saint-Michel, les coureurs ennemis qu'on commençait à signaler de tous côtés, venaient furtivement jeter un coup d'œil sur leur campement.

Jusqu'à cette époque, 16 août, nous avons reçu les journaux et les nouvelles toujours peu satisfaisantes qu'ils nous apportaient; mais à partir de ce jour, nous avons été, pour ainsi dire, bloqués, privés de toutes les feuilles publiques et presque de toute communication, si ce n'est avec quelques villages voisins. A chaque instant des alertes ! Les Prussiens ou les Saxons apparaissaient sur les côtes; on fermait les portes; on courait aux armes et aux remparts;

on revenait heureux d'en avoir été quittes pour la peur.

Tout cependant faisait pressentir une attaque prochaine : des cartouches avaient été distribuées de nouveau; le 19 août, 200 hommes de la garde nationale avaient été chargés d'occuper, pendant la nuit, le poste nouveau de la Gare du chemin de fer. Car, il faut le dire en passant, contrairement à ce qui aurait dû se faire, les avant-postes, les factions périlleuses étaient confiés à la garde nationale sédentaire : la ligne et les mobiles restaient dans l'intérieur des murs. Le 20 août, deux portes seulement restaient ouvertes, celles dites de la Chaussée et de France, encore les fermait-on beaucoup plus tôt et les ouvrait-on beaucoup plus tard, et des gardes nationaux y stationnaient pour s'assurer si les allant et les venant appartenaient bien à la localité.

Le 23 août, au soir, plusieurs habitants des campagnes vinrent avertir la place qu'un grand nombre de troupes se rassemblaient autour de nous, et semblaient choisir leurs positions au nord-est de la ville. On attacha peu d'importance à leurs avertissements.

Le 24, au matin, les laitières venaient confirmer et préciser ce qu'on avait dit la veille; on ne s'en inquiéta pas plus. Enfin, quand, à 9 heures du matin, le canon d'alarme retentit, chacun courut à son poste. Cette fois, l'alerte n'était pas vaine. L'ennemi, à la faveur d'une brume assez épaisse, avait placé à loisir ses batteries tout près de nous : au-dessus du cimetière, sur la ligne ébauchée du chemin de fer de Verdun à Metz; à *Charmois*, petite hauteur qui domine le *Coulmier;* au-dessus de la contrée de vignes dite *Epilou*, près des carrières qui avoisinent la route de Saint-Mihiel, à la hauteur d'un petit bois de sapins. Son infanterie s'était embusquée sur la route d'Etain, derrière le faubourg, et principalement vis-à-vis de l'église, à l'angle de la maison de la salle d'asile. Pendant près de quatre heures, les batteries volantes des assiégeants firent pleuvoir sur nous une grêle de projectiles, et leurs fusils à aiguille nous criblèrent de balles. Artilleurs et gardes nationaux sédentaires, à peine organisés, firent admirablement leur devoir depuis la porte Chaussée à la porte Saint-Victor. (Que les gouvernements sont aveugles de ne point s'appuyer sur la nation qui doit faire leur force! Si nous avions eu deux millions de gardes nationaux debout depuis vingt ans, qui aurait osé mettre le pied sur le sol de la France?) Honneur ici aux soldats citoyens! Leur présence sur les remparts a réduit au silence l'armée saxonne qui, commandée par le prince royal, comptait faire, ce jour-là, de Verdun un de ses lieux d'étape. Un parlementaire vint nous demander de nous rendre, de payer cent mille francs et de fournir à l'armée ennemie des vivres pour cinquante jours. On refusa. L'ennemi se retira dans la soirée : la place avait fait une résistance à laquelle il ne s'attendait pas.

A *Charmois*, un général ennemi eut les deux jambes emportées par un de nos projectiles (1). Au dire d'un prisonnier, notre artillerie avait fait un tel dégât dans leurs batteries, que le vieux commandant saxon qui dirigeait l'attaque, s'arrachait les cheveux de désespoir. Fort heureusement pour nous, un grand nombre de caissons remplis de poudre et de projectiles destinés à l'armée de Bazaine n'avaient pu aller au-delà de Verdun et nous étaient restés. Sans cela, force aurait été de nous laisser bombarder sans répondre, pour ainsi dire, et de nous rendre à la première sommation. Et tout était prêt, criait-on du haut de la tribune. A la porte Saint-Victor, la première compagnie de la garde nationale, prise de face, de

---

(1) Ce fait a été confirmé le 8 juin. Un habitant de Verdun, rencontré en dehors de la porte Chaussée par deux officiers saxons, leur indiqua, sur leur prière, où se trouvaient les batteries des assaillants au bombardement du 24 août. L'un d'eux dit à l'autre, au moment où la hauteur au-dessus du *Coulmier* lui était montrée : « Là, nous avons perdu un général. »

fla[n]c et de dos, avait eu 4 hommes tués et une vingtaine de blessés, dont deux sont morts dans l'espace de huit jours des suites d'horribles blessures. Je ne vous parlerai pas des fenêtres brisées, des murs ébrêchées, des toitures effondrées, etc., etc. Aucun incendie ne se déclara; et, dans la population, on compta deux ou trois victimes seulement. Si l'ennemi avait su dans quel état était la place, il aurait pu y entrer la nuit sans coup férir. La Meuse était presque à sec en aval de la ville, et le pont Chaussée sans défense. On se mit alors à l'œuvre : on fortifia à la hâte le pont; les mobiles firent semblant de travailler aux talus des remparts; artilleurs et gardes nationaux, tous la pioche et la pelle en main, traînant la brouette, élevant des terrassements, des traverses, etc., etc., firent ce que le génie militaire aurait dû faire et qui ne l'était pas. Devant l'état de la place à cette époque, on se demande où passaient depuis vingt ans les sommes affectées à l'entretien de nos villes de guerre.

Le 25 et le 26 août on faisait sauter à la mine les deux tiers des faubourgs : trois cents familles peut-être déménageaient et trouvaient avec beaucoup de peine quelque réduit en ville pour se loger. Et quel spectacle que ces décombres autour desquels se lamentaient les propriétaires dépossédés!

Pendant un mois et deux jours, tranquillité relative : alertes continuelles; bruits et nouvelles contradictoires, circulant à chaque heure et démentis à chaque instant; toujours pas de journaux. Le cercle d'investissement se resserrait de plus en plus.

Le 28 août on s'attendait à voir l'armée de Bazaine passer par Verdun; en effet, il aurait pu le faire le jour même de la bataille de Gravelotte; mais il laissa l'armée prussienne se reformer; le lendemain il n'était plus temps. Il perdit ainsi tout le fruit de sa victoire.

Le 3 septembre, M. le général de brigade Guérin de Waldersbach étant indisposé, remit le commandement supérieur à M. le général de division Marmier, qui se trouvait à Verdun. Cet officier supérieur n'avait pu rejoindre le corps d'armée qu'il était appelé à commander. C'était un homme actif, cherchant à tout voir, sachant au besoin payer de sa personne. Sous son commandement eurent lieu plusieurs sorties et de nombreuses reconnaissances, tant pour protéger les travaux du génie autour de la place, que pour permettre à l'artillerie d'aller dans les forêts voisines chercher les fascines et les pièces de bois nécessaires à l'armement et à la fortification des remparts.

Vers le 7 ou le 8 septembre, un négociant de Verdun, revenant de Neufchâteau, où il était allé voir sa fille et son gendre, raconta à Troyon qu'il avait entendu la veille proclamer la République : ce bruit se répand comme l'éclair. Gendarmes d'accourir, maire de ceindre son écharpe, et tout le monde d'arrêter cet imposteur, ce fauteur de désordre et d'anarchie : on l'entraîne en effet. Heureusement quelques habitants moins zélés le reconnaissent, le nomment et viennent répondre de lui. On lui fait signer cependant un procès-verbal où l'on consigne ce qu'il a eu l'audace de dire. Il revint donc et raconte son aventure. Le lendemain, le *Courrier de Verdun*, unique organe de la localité, nous donnait, *sous toutes réserves*, les dépêches, les décrets et les nouvelles publiés par le *Siècle* du 6 septembre. Les jours suivants, la même feuille nous communiqua les actes du Gouvernement de la défense nationale.

On s'étonnait de ne pas voir la République proclamée ici comme ailleurs, comme à Strasbourg, par exemple, lorsque le journal du 18 septembre nous communiqua la lettre suivante :

Verdun, le 16 septembre 1870.

Monsieur le Maire,

En réponse à votre dépêche, j'ai l'honneur de vous faire connaître que les événements survenus à Paris, — déchéance de l'Empereur, — proclamation de la République, — ne nous ont pas encore été notifiés officiellement. J'attends les ordres pour faire proclamer le nouvel ordre de choses.

Dans les circonstances graves où nous nous trouvons, notre principale préoccupation doit être de résister à l'ennemi, qui nous entoure et de le chasser de notre territoire.

J'ai la plus grande confiance dans le patriotisme de la population, elle saura conserver le calme et la modération qu'elle a montrés jusqu'ici.

Recevez, etc.

Le Général commandant supérieur,
MARMIER.

Elle était accompagnée de l'adresse suivante :

Le Maire de la ville de Verdun, en portant à la connaissance de ses concitoyens la lettre ci-dessus, croit devoir faire appel à leur sagesse et à leur esprit d'ordre pour rester plus unis que jamais dans la situation difficile que nous traversons.

Il les invite aussi à attendre avec confiance les instructions officielles qui ont été demandées à Paris.

Verdun, le 16 septembre 1870.
Le Maire,
BENOIT.

Le même journal blâmait les habitants des villages qui venaient en ville acheter des provisions pour l'ennemi cantonné dans les environs.

Il relatait également une sortie d'infanterie et de cavalerie faite, disait-il, pour chasser les réquisitionnaires ennemis qui venaient piller ou mettre à contribution les malheureuses populations de nos campagnes, déjà si fortement éprouvées.

On voit par là que nous avions avec les Français, nos voisins, des échanges de procédés bien différents.

Le 22 septembre, les portes se fermaient à 6 heures du soir.

Dans le courant de ce mois de septembre, on s'empara de quelques convois; les uns égarés par de fausses indications de route que leur donnaient à dessein les habitants des campagnes, d'autres surpris et attaqués par les assiégés, d'autres enfin trompés par les mensonges des journaux allemands qui avaient annoncé la prise ou la reddition de Verdun avant même que nous ne fussions attaqués.

J'ai dit que nous étions sans nouvelles du dehors. Les Prussiens faisaient bonne garde autour de nous, et les exprès envoyés souvent aux informations franchissaient bien difficilement leurs lignes. Mais quand il s'agissait d'événements désastreux pour nous et propres à abattre nos courages, ils en favorisaient l'arrivée immédiate en ville; souvent même des parlementaires venaient sous les plus futiles prétextes nous informer de leurs propres succès. Le lamentable drame de Sedan et la honteuse capitulation qui le suivit nous furent apportés ainsi. Un tel fait était tellement en dehors des règles du bon sens que personne n'y crut d'abord. On considéra comme fou un jeune et valeureux sous-lieutenant de chasseurs qui, mêlé à l'action et s'étant échappé, était venu le premier nous en raconter les incroyables détails. Il jetait avec conviction ce cri qu'on avait poussé déjà à l'Assemblée nationale : Nos soldats étaient des lions commandés par des ânes! Enfin on fut bien forcé de croire avec une douloureuse émotion que cette armée dite de Mac-Mahon, de plus de 90,000 hommes, avait capitulé. Fait inouï dans l'histoire! Ce brave général, dont la capacité ne peut être révoquée en doute, avait fait des efforts inutiles pour arracher la direction de cette vaillante armée au mauvais génie qui s'est obstiné à la perdre : à l'Homme de Sedan.

Ce désastre nous envoya des défenseurs : plus de 2,500 évadés de Sedan, auxquels la population entière envoya des vêtements dans les forêts des Argonnes, parvinrent, grâce à leur déguisement, à entrer furtivement dans nos murs. Plusieurs femmes intrépides des environs se chargèrent de leur fournir les moyens d'échapper à leurs surveillants. Bon nombre d'officiers de toutes armes nous arrivèrent aussi.

L'un d'entre eux, qui a rendu de grands services à la défense, mérite une mention toute spéciale : Capitaine du génie, arrivé aux environs de Varennes, il feignit d'être blessé au point de ne pouvoir plus marcher, et proposa aux deux soldats prussiens qui l'escortaient de louer une voiture pour eux et pour lui. L'offre acceptée avec plaisir, l'officier entre en pourparlers avec un habitant de la localité où ils se trouvaient. Les conditions arrêtées, on part. Quelques heures après on arrivait aux portes de Verdun. Là, notre brave capitaine annonce aux deux soldats allemands qu'il est libre et qu'ils sont tous les deux prisonniers. On ne pouvait agir plus gracieusement; aussi ces deux hommes accueillirent cette déclaration en riant à cœur joie.

Environ deux mois plus tard, quelques jours après notre capitulation, je passais devant l'hôtel des Trois-Maures; là se trouvait un omnibus où étaient déjà montés quelques officiers, prisonniers de guerre, partant pour la Prusse. — Capitaine! capitaine! s'écrie un soldat allemand de l'armée d'occupation, en se précipitant vers la voiture. Le même capitaine du génie se retourne, serre la main au soldat, en disant à ses camarades et au groupe qui stationnait devant l'hôtel : — C'est un de mes deux prisonniers!

Parmi ces réfugiés de Sedan étaient trois cents zouaves, turcos ou chasseurs à pied dont on forma des compagnies franches destinées à sortir souvent et à harceler l'ennemi. Leur brave commandant qui, en quelques jours, de simple pékin (comme dirait un troupier), se trouva capitaine et chevalier de la Légion d'honneur, mérite également de vivre dans les annales de Verdun. M. Junon, percepteur à Dieue, avait, au commencement de l'invasion, sollicité du général Guérin l'autorisation de former une compagnie de francs-tireurs; elle lui avait été refusée. Obligé de se réfugier au chef-lieu de la sous-préfecture, il offrit ses services; on les accepta alors et il fut un de nos valeureux défenseurs. Il avait une femme digne de lui : Mme Junon, sous divers déguisements, franchit plusieurs fois les lignes prussiennes pour pénétrer en ville ou en sortir.

Notre garnison, si pauvre d'abord, se trouva donc, fort à propos, considérablement renforcée. Elle pouvait désormais offrir à l'ennemi une sérieuse résistance. Elle comptait environ : 1,400 hommes et 200 artilleurs de la garde nationale sédentaire, deux bataillons, à peu près 2,000 hommes, et 200 artilleurs de la garde mobile, 3,000 hommes des dépôts du 57e et du 80e de ligne dans lesquels on avait incorporé tous les fantassins venus de Sedan, 250 sapeurs du génie, 150 hommes d'artillerie, 500 hommes du train d'artillerie et 300 hommes du 5e chasseurs; au total 8,000 hommes environ. On ne devait pas beaucoup tarder à en avoir besoin.

Vers le 23 septembre, toutes les personnes du dehors qui venaient en ville parlaient de réquisitions de pelles et de pioches faites par les Prussiens dans les villages circonvoisins, et de paysans requis par force pour travailler à leurs batteries. D'après leurs indications ce devait être à l'est, au nord et à l'ouest de la place.

Les guetteurs établis au haut des tours de la cathédrale avaient aussi signalé des travaux; mais l'ennemi, pour ne pas être inquiété, n'y travaillait guère que pendant la nuit.

Le 26 septembre, vers cinq heures et demie du matin, leurs premiers projectiles arrivaient sur la citadelle. Le signal d'alarme était aussitôt donné; en peu d'instants, tout le monde se trouvait à son poste pour faire face à l'ennemi.

La principale batterie, abritée par de solides travaux en terre, était placée au-dessus de Glorieux, sur la hauteur de Blâmont, non loin de l'ancien télégraphe, et dirigeait du nord-ouest ses feux sur la citadelle; deux autres batteries masquées par les accidents du terrain étaient établies, l'une à Montgrignon, écart de Belleville, au nord-ouest; l'autre au-dessus des vignes, au nord-est du même village et sur la côte Saint-Michel, menaçaient les bastions Saint-Paul, la première par un feu direct, la seconde par des feux plongeants; enfin une quatrième batterie à la Grimoirie, sur les hauteurs de Belrupt, à l'est de la ville, battait sur Saint-Sauveur et sur Saint-Victor; en tout quatre batteries et au moins une trentaine de bouches à feu.

La défense riposta vivement à l'attaque. En peu d'instants, les pièces de la Grimoirie furent en partie démontées et réduites au silence.

Les bastions Saint-Paul, obligés de tirer au jugé, soutinrent une lutte plus longue, sans qu'elle soit pour eux plus désastreuse. Chacun rivalisa de zèle et on finit enfin par imposer aussi silence de ce côté aux canons prussiens.

Ce fut sur la citadelle surtout que l'artillerie ennemie dirigea la plus grande partie de ses projectiles : en moins de six heures, on estime qu'elle a envoyé au moins 1,200 boulets ou obus sur le fort et sur les bâtiments du génie. Si l'attaque était vive, la défense répondait avec un courage héroïque et avec une précision et une ardeur admirables. Avant midi notre succès était complet : la batterie de Blâmont, la plus tenace, démontée presque entièrement, cessait son feu et laissait sur le terrain bon nombre d'hommes et ses attelages.

De notre côté, nous avions à déplorer la perte d'un capitaine du génie et d'une dizaine de soldats, atteints d'éclats d'obus dans la citadelle.

La gloire de cette deuxième journée de défense revenait tout entière à l'artillerie. Cette fois au moins l'ennemi avait agi plus noblement qu'à son ordinaire : pendant le combat, il avait dirigé presque tous ses projectiles sur les établissements militaires, au lieu de s'attaquer à une population inoffensive et aux propriétés particulières.

Les casernes avaient tellement souffert que le collége, la maîtrise et le petit séminaire étaient convertis en casernes. Au nom du Général commandant supérieur de la place, la municipalité faisait un appel au bon vouloir et au dévouement des habitants pour fournir des paillasses ou des matelas et des couvertures pour 1,300 hommes à titre de prêts à l'État.

Deux jours avant ce deuxième bombardement, le 24 septembre, il y avait eu une sortie assez forte dirigée sur le village de Thierville, dans le double but de rétablir la sécurité de nos communications avec les villages les plus rapprochés de notre ville, et de mettre un terme aux exigences des maraudeurs ennemis qui venaient chaque jour imposer aux campagnes des réquisitions qu'on finissait par être hors d'état de fournir.

Nos volontaires, appuyés par quelques soldats de tous les corps de la garnison, avaient tenté de se jeter sur la gauche pour tourner l'ennemi et l'amener sous les canons de nos remparts. Mais les soldats prussiens, protégés par leur artillerie, s'embusquèrent dans un petit bois à un kilomètre environ au-delà du village et empêchèrent la réussite complète de l'expédition.

Une certaine partie de la population murmurait déjà depuis longtemps : elle exprimait hautement ses sympathies pour le général Marmier, et formulait de vives critiques sur l'inaction dans laquelle le général Guérin retenait la garnison. A tort ou à raison, on reprochait au commandant supérieur de laisser, de propos délibéré, se resserrer chaque jour de plus en plus le cercle de fer qui nous étreignait.

Le 27 septembre parut un ordre du jour renfermant des promotions et des distinctions militaires pour récompenser ceux des défenseurs qu'on avait jugé s'être le plus distingués dans les journées du 24 août et du 26 septembre. Au lieu de calmer l'effervescence, ces félicitations, ces récompenses, ces citations irritèrent encore davantage. On critiqua les choix; on fit des chansons; on cria; on se permit plusieurs manifestations intempestives.

Le général Guérin crut devoir répondre en établissant, le 4 octobre, un conseil de guerre où la garde nationale n'était pas représentée.

Un ordre du jour du 6 octobre, portant quelques nominations et des citations nouvelles, semblaient être une satisfaction accordée aux critiques et aux réclamations qu'on avait formulées assez haut.

Des événements plus sérieux allaient faire oublier ceux-là.

Le 11 octobre, à la tombée de la nuit, l'ennemi avec des forces assez considérables attaqua et occupa Thierville et Belleville. Chacun de ces villages avait un poste d'une compagnie d'infanterie à peine. Vers huit heures du soir, le même jour, il feignit une tentative d'escalade à toutes les portes de la ville; le 12, à même heure, même tentative sans résultat autre que des hourras et des balles échangées. Ces simulacres d'assaut avaient, il est probable, tout simplement pour but de nous retenir dans nos murs et de nous empêcher de les inquiéter dans leurs travaux : ils construisaient leurs batteries derrière les côtes qui les dérobaient à nos coups; les braves! Ces cris, cette fusillade, les balles qui venaient tomber dans certains quartiers produisaient, la nuit, dans la population féminine surtout, un grand émoi.

Le 13, avant cinq heures du matin, commença un bombardement qui dura sans interruption jusqu'au 15 à midi. La nuit, chaque quatre ou cinq minutes, une bombe arrivait sur la ville et y répandait la dévastation et l'incendie; le jour, le feu de la place doublait au moins cette horrible musique.

La présence des troupes sur les remparts n'étant pas nécessaire (les tirailleurs sont inutiles pendant un combat d'artillerie), la garde nationale était appelée à se porter sur les lieux où l'incendie exerçait ses ravages ; et certes, ce poste n'était point le moins périlleux, car les flammes servaient dans l'obscurité de visée à l'ennemi et il bombardait à outrance sur le lieu du sinistre.

Le 13, dans la matinée, le magasin à fourrage était en flammes ; l'hôtel de la Bannière, dans la rue Chaussée, prenait feu en même temps. Dans la nuit, la Halle aux grains remplie de couchages, de plusieurs matériels de gares tout confectionnés à neuf et de voitures chargées de foin, amenées la veille de la banlieue, éclairait de sinistres lueurs la ville-haute, la façade sud et les tours de la cathédrale ; c'était un spectacle magnifique et terrible à la fois. Dans le même moment l'entrepôt des tabacs, la synagogue, l'habitation du rabbin, une partie des maisons de la rue Saint-Pierre brûlaient aussi. Le tocsin sonnait, les tambours et les clairons des pompiers mêlaient leur bruit lugubre aux cris du veilleur de la tour qui signalait avec son porte-voix à la population effrayée les principaux foyers d'incendie. C'était une scène horrible et impossible à décrire !

Le lendemain 14, toutes les casernes déjà si maltraitées de la citadelle et les bâtiments du génie étaient dévorés par les flammes et n'offraient plus que des monceaux de ruines et des pans de murs rougis et noircis par le feu !

La nuit suivante fut moins terrible peut-être ; mais signalée encore par plusieurs sinistres sur le foyer desquels l'ennemi faisait toujours pleuvoir la mitraille.

Pendant la matinée du 15, les assiégeants dirigeaient surtout leurs coups sur la citadelle : les détonations se succédaient avec une rapidité épouvantable. Enfin, vers midi, l'ennemi, sans doute à bout de munitions et fatigué lui-même, cessa le feu. Un parlementaire vint nous sommer inutilement de nous rendre.

Sept batteries fixes et des batteries volantes, armées

d'environ quatre-vingts bouches à feu, nous avaient envoyé vint mille projectiles peut-être.

La garnison avait perdu vingt hommes, dont un officier d'artillerie, et comptait une cinquantaine de blessés. La population avait eu aussi quelques décès à déplorer. Chose surprenante : nos artilleurs sur les remparts furent à peine atteints, et l'ennemi ne parvint pas, pendant ces trois jours et ces deux nuits, à nous démonter une seule pièce, tandis que nous lui en avions mis bon nombre hors de service, et que nous avions fait sauter plusieurs de ses magasins à poudre. Ceci constaterait, il me semble, combien le tir de la place était supérieur à celui des assaillants.

En revanche, nos pertes matérielles étaient grandes : Il ne restait à la citadelle que des casemates; la rue Saint-Pierre, la plus belle et la plus large de nos rues, conservait encore toutes les façades de ses maisons, mais l'intérieur n'était guère qu'un monceau de ruines; la voie était obstruée par les décombres. Les casernes, le collége, le tribunal, la sous-préfecture, la cathédrale, l'hôtel de la subdivision, l'hôtel de la gendarmerie et une foule d'autres maisons étaient criblées; le couvent des sœurs de Saint-Maur était à moitié brûlé. Le lendemain 16, j'ai visité dans la matinée cette scène désastreuse; je suis rentré malade. Ce jour était un dimanche : on voyait, depuis l'esplanade de la Roche, un mouvement extraordinaire de troupes prussiennes dans la direction de Dugny. On s'imagina que le bombardement allait recommencer, et l'on fit immédiatement évacuer toutes les églises.

Le 15 au soir, le général Guérin faisait parvenir au général-major de Gayl, commandant les troupes prussiennes devant Verdun, la lettre suivante :

Général,

En réponse à votre honorée lettre de ce jour, j'ai l'honneur de vous informer que j'accepte avec empressement l'échange de prisonniers que vous me proposez, à savoir 17 prisonniers français contre 12 prisonniers allemands.

J'ai le regret de vous annoncer que le sous-officier Lüders, du 96e régiment, Krüger, du 12e régiment de dragons, Auguste Vonder Heit, du 56e régiment de landwehr, et le comte Hohenthal, du 1er régiment de dragons de la garde, ne se trouvent pas parmi les prisonniers que nous avons à Verdun.

J'aurai l'honneur de vous envoyer 12 prisonniers allemands avec un parlementaire, à quatre heures, à l'entrée de Belleville.

Suivant votre désir, je vais faire photographier les deux tombes des deux officiers prussiens tués à Charny, et je vous ferai remettre à la fin des hostilités les photographies.

Général, je profite de cette lettre pour vous exprimer le sentiment qui pénètre chez moi sur la manière dont vous avez attaqué la ville de Verdun; j'avais pensé jusqu'à ce jour que la guerre entre la Prusse et la France devait être un duel entre les deux armées, et j'étais loin de m'imaginer que des habitants inoffensifs, des femmes et des enfants, verraient leur fortune et leur vie si injustement engagées dans la lutte. Si vous pensez, Général, que cette manière d'agir de votre part, que je me dispenserai de qualifier, peut contribuer en quoi que ce soit à hâter la reddition de la Place, vous êtes dans une profonde erreur; car ce que les habitants ont souffert jusqu'à ce jour n'a contribué, vous pouvez me croire, qu'à augmenter chez eux l'abnégation que commandent leur position et leurs sentiments patriotiques.

Ni la pluie des bombes et des boulets, ni les privations auxquelles la garde nationale et l'armée peuvent être exposées, ne les empêcheront de faire leur devoir jusqu'au dernier moment. Leur plus grand désir serait de se mesurer corps à corps avec les troupes prussiennes. Permettez-moi de vous dire, Général, que c'est sur la brèche que nous vous attendons, et que nous espérons que vous sortirez un jour de derrière les montagnes qui vous tiennent cachés à nos coups.

Recevez, Général, etc.

Le Général commandant supérieur,
Baron GUÉRIN DE WALDERSBACH.

Cette lettre ramena à son auteur les sympathies de presque toute la population. M. Benoit, maire de Verdun, se fit l'interprète des sentiments de tous, dans les quelques lignes qui suivent :

Verdun, le 15 octobre 1870.

Mon Général,

J'ai l'honneur de vous retourner la lettre que vous avez eu l'extrême obligeance de me communiquer.

Je crois de mon devoir de vous exprimer les remerciements de la population tout entière pour le langage noble et élevé avec lequel vous avez rendu les sentiments patriotiques dont elle est animée.

Recevez, mon Général, l'assurance de mes sentiments les plus distingués et les plus respectueux.

Le Maire,
BENOIT.

Le lendemain 16 octobre, une députation de la garde nationale alla présenter au Général les félicitations et les remerciements de la cité.

Nous devons, pour être vrai, relater ici deux ordres du jour; le premier, du 16 octobre:

Le Général commandant supérieur est informé que des militaires de la garnison ont profité des désordres causés par le bombardement pour piller des citoyens; que d'autres, plus coupables encore, chargés de la garde de certaines maisons, en ont abusé pour s'approprier des effets et des vivres. Ces militaires déshonorent l'uniforme français, et prompte justice en sera faite.

MM. les chefs de corps feront les recherches les plus actives pour trouver les coupables et leurs complices, qui seront traduits au conseil de guerre et jugés suivant toute la rigueur des lois militaires.

Le second, du 17 octobre :

Le Général commandant supérieur s'empresse de faire connaître par la voie de l'ordre, à la garnison et à la population, des faits qui honorent le détachement du génie.

Le sapeur Vendemberger a trouvé dans une maison incendiée rue Saint-Pierre, une cassette contenant une somme de 4,000 fr., qu'il s'est empressé de remettre au propriétaire.

Le caporal mineur Oury, a également restitué une pièce de 10 fr., qu'il avait trouvée dans la même maison. Le Général est heureux de signaler ces deux actes de probité, qui montrent que, s'il y a eu quelques actes regrettables commis par des soldats enivrés, la garnison possède des hommes dévoués et honnêtes, sur lesquels il peut compter.

Ajoutons que l'artillerie, le génie, les mineurs, étaient d'excellents soldats.

On était bien décidé à se défendre jusqu'à la dernière extrémité : les troupes de la garnison et la population rivalisaient de zèle pour réparer les dégâts faits à la ville et aux remparts. Les matériaux nécessaires manquaient, on tâchait d'y suppléer de son mieux. On retrouvait de tous côtés une quantité prodigieuse de bombes et d'obus qui n'avaient pas fait explosion. Si l'ennemi avait su se servir des projectiles français de Sedan et de Toul qu'il nous avait lancés, notre ville n'eût été, après ce terrible bombardement, qu'un amas de cendres et de décombres. Mais sur une douzaine de bombes, quatre à peine prenaient feu et éclataient : aussi les Prussiens répétaient-ils dans les villages autour de Verdun, que les canons français étaient mauvais, qu'ils allaient faire venir les leur avec leurs munitions, et qu'alors la ville serait détruite de fond en comble. Verdun, Verdun, disaient-ils, en prenant au foyer des pincées de cendres qu'ils répandaient.

Ils savaient en effet bien mal se servir de nos pièces, puisque leurs propres projectiles venaient couper les deux jambes à un de leurs capitaines qui se trouvait à Glorieux.

On venait chaque jour nous avertir qu'ils mettaient en réquisition tous les chevaux, toutes les voitures qu'ils trouvaient dans les campagnes, pour aller chercher leurs pièces et leurs munitions. On nous annonçait même qu'il était arrivé soixante fourgons à Lempire, trente voitures de poudre et de projectiles à Landrecourt, tant de canons ailleurs. Chaque jour on se couchait avec l'appréhension d'un réveil bruyant pour le lendemain.

Il faut avoir mené cette existence fiévreuse pour s'en faire une juste idée. Et quand on a femme et enfants que l'on abandonne à eux-mêmes pour aller affronter la mort, on a beau être homme, il y a des instants de défaillance contre lesquels on est obligé de lutter avec énergie. A quoi bon se faire plus brave que l'on n'est! Quand on n'a pas embrassé par choix la carrière militaire, quand on n'a pas été brisé au métier des armes, on est époux et père avant tout.

Dans l'attente d'une nouvelle attaque, on chercha à employer les moyens propres à la retarder. (C'était un peu tard peut-être!) Le 22 octobre, un de nos concitoyens, le jeune et brave Pierre-Odile, proposa de guider une expédition qui aurait pour but d'aller enclouer les pièces de l'ennemi. Des sapeurs du génie, appuyés par une partie des compagnies franches, et aidés d'encloueurs, sortirent furtivement la nuit, sous le commandement du capitaine Junon. Ils arrivèrent par des sentiers, aux batteries placées à l'ouest de la ville; après avoir rampé, pour ainsi dire, ils culbutèrent à l'arme blanche tous ceux qui les gardaient, enclouèrent 17 pièces au moins, et revinrent précipitamment avant que les Prussiens, campés à une certaine distance, eussent pu être prévenus et accourir au secours des leurs.

Tous ces braves, à leur retour, furent accueillis avec enthousiasme par la population. Chacun voulait leur serrer la main, les féliciter de leur exploit et en écouter les détails mille fois répétés déjà.

Depuis le commencement de la guerre, on nous a vanté bien souvent la vigilance exemplaire de l'ennemi, toujours sur ses gardes. L'expédition du 28 octobre, que je vais raconter, semble donner un démenti à ces éloges : un ennemi circonspect ne se serait pas laissé prendre au même piége à cinq jours d'intervalle seulement.

Enhardis par le brillant succès du 22, on concerta le plan d'une sortie beaucoup plus nombreuse, et, de peur des indiscrétions, on en garda le secret jusqu'au moment où on devait le mettre à exécution. Pendant la nuit du 27 au 28, les caporaux et les sous-officiers allèrent éveiller et prévenir les gardes nationaux sédentaires qu'on pensait décidés à sortir. On se réunit les uns à la porte de France, les autres à la porte Chaussée. Il était quatre heures du matin. Le silence était recommandé partout dans les rangs. Environ une demi-heure après, les encloueurs, munis des instruments nécessaires, les soldats mineurs, le sac à poudre sur l'épaule, sortaient les premiers, les volontaires de la garde nationale les suivaient, puis venait la ligne, et enfin les gardes mobiles. A la porte Chaussée, l'expédition se partagea en deux bandes : l'une suivit la route de Belleville, l'autre celle d'Etain. Cette dernière prit à gauche le chemin de Fleury, puis le sentier rapide qui monte à la chapelle de Mme Fossée, et de là se rendit au sommet de la côte Saint-Michel Là, en un clin-d'œil, les sapeurs du génie firent sauter les affûts et détruisirent les ouvrages qui protégeaient les batteries, pendant que les artilleurs cherchaient les pièces à enclouer, et que tous cassaient les guidons et dévastaient les magasins à poudre et les projectiles qui restaient encore. La première bande, de son côté, occupait le village de Belleville; après une fusillade assez vive au-dessus et au-dessous de cette localité, tuait grand nombre de Prussiens postés de l'autre côté de la ligne du chemin de fer, et faisait quelques prisonniers, au nombre desquels un capitaine, la terreur de ce pauvre village.

Pendant que nos braves opéraient sur la côte St-Michel, le bastion St-Sauveur envoya imprudemment trois obus au milieu d'eux. Ces projectiles ne firent heureusement aucune victime.

Du côté de la porte de France, l'expédition s'était également partagée en deux bandes : l'une, avec deux ou trois pièces de campagne et de l'infanterie, devait faire seulement une démonstration sur Thierville, pour occuper l'ennemi, pendant que l'autre, composée comme celle que nous avons vue sur la côte St-Michel, se dirigeait à gauche sur les flancs des côtes qui dominent, de chaque côté, Glorieux et Regret. La première, entraînée trop loin, ou par l'imprudence du chef, ou par l'ardeur intempestive des soldats, eut assez de peine de dégager, grâce à un faible peloton de chasseurs, les pièces qui s'étaient trop avancées; l'autre, après une lutte très-vive, parvint enfin à accomplir aussi son œuvre de destruction. Trente bouches à feu de gros calibre étaient mises hors de service, les affûts dispersés en éclats, les munitions gâtées ou enlevées.

Mais, hélas! ce dernier succès nous coûtait bien plus cher que les précédents : le jeune et valeureux Phélix, sortant de l'école de St-Cyr, sous-lieutenant au 57e régiment, était mort en héros près du village de Regret; Lamarre de Dieue, qui à peine sorti des bancs du collége, était venu s'enrôler, et comme artilleur de la garde nationale sédentaire, et comme carabinier volontaire, était atteint d'une balle au-dessus du village de Belleville, et mourait quelques jours après, chevalier de la Légion d'honneur, à 18 ans; le jeune Lécrivain, debout, affrontant le feu de l'ennemi, était frappé d'une balle au front, sur la côte Saint-Michel; cinquante blessés au moins étaient transportés dans nos ambulances. Mais assez de lugubres détails!

Dans les premiers jours de novembre, la nouvelle de la capitulation de Metz, tramée par Bazaine, se répandit dans nos murs. C'était une catastrophe bien plus grande encore que celle de Sedan! Pendant longtemps on se refusa à y croire. On ne pouvait rester dans cette cruelle incertitude. Si Metz avait ouvert ses portes, que pouvait faire Verdun?

Le 4 novembre, le général envoyait un parlementaire aux cantonnements prussiens. Il demandait au général ennemi d'entrer en arrangement pour un armistice de huit jours. Ces pourparlers avaient pour but de temporiser, afin que la reddition de Metz se confirmât ou se démentît, et qu'on eût le temps de statuer sur la conduite qu'on aurait à tenir.

Le général de Gayl n'ayant pas les pouvoirs nécessaires

pour accorder l'armistice demandé, s'empressa d'accéder au désir du général Guérin : il télégraphia immédiatement au quartier général à Versailles, pour recevoir les ordres du roi de Prusse.

La demande fut refusée.

Pendant ce temps, nous apprenions que Metz avait en effet capitulé, que Bazaine, faisant de la politique et sacrifiant sa patrie à son ambition personnelle, était resté, pour ainsi dire, inactif depuis la bataille de Gravelotte, malgré les bulletins pompeux qu'il lançait à chaque instant sur ses opérations militaires.

Une armée de cent soixante-quinze mille hommes, la seule qui nous restât, qui forçait l'ennemi à diviser ses forces, qui, appuyée sur une place de guerre imprenable, tendant les bras au brave général Bourbaki, aurait coupé les communications de l'armée ennemie avec la Prusse et l'Allemagne et qui aurait pu ainsi changer tout à fait la face des choses. Cette armée, vaillante et forte était, à son grand regret, emmenée prisonnière. C'était un second acte monstrueux de la tragédie de Sedan !

Je laisse ici parler l'ordre du jour de la Place pour le 7 novembre 1870 et j'y intercale la capitulation telle qu'elle a été affichée dans Verdun :

« Le conseil de défense a reconnu à l'unanimité qu'en présence des forces considérables dont dispose l'ennemi autour de Verdun toute défense devient inutile, surtout depuis la capitulation de Metz. Les batteries qui nous menacent des hauteurs environnantes ne contiennent pas moins de 140 pièces de gros calibre, sans compter les pièces de campagne. Le tout approvisionné à mille coups par pièce et soutenu par une armée de 15,000 hommes, dont 2,000 artilleurs.

« Le Général commandant supérieur, pour éviter l'effusion inutile du sang et la ruine de la ville qui ne présenterait en quelques heures qu'un amas de cendres, a cru devoir accepter avec l'avis unanime du conseil de défense les conditions très-honorables de capitulation qui lui ont été offertes. »

Les voici :

CAPITULATION.

Entre les soussignés, le général baron Guérin de Waldersbach, commandant supérieur de la place de Verdun, et le général major de Gayl, commandant les troupes prussiennes devant cette place, la convention suivante a été conclue :

Article 1er. — La forteresse et la ville de Verdun avec tout le matériel de guerre, les approvisionnements de toute espèce, les archives et tout ce qui est propriété de l'État seront remis à M. le général de Gayl, le 9 novembre, dans l'état où tout cela se trouve au moment de la signature de la convention, à la condition expresse d'être rendus à la France, après la conclusion de la paix.

Mercredi, 9 novembre 1870, à 10 heures du matin, la place et la citadelle de Verdun seront remises aux troupes prussiennes.

A la même heure, des officiers d'artillerie et du génie, avec quelques sous-officiers, seront admis dans la place pour occuper les magasins à poudre et éventer les mines.

Art. 2. — La garnison est prisonnière de guerre, toutefois les gardes mobiles natifs de Verdun et la garde nationale sédentaire seront libres après avoir été désarmés et aucun des défenseurs de Verdun ne sera inquiété. La gendarmerie sera libre après avoir été désarmée et conservera ses chevaux. Les maîtres ouvriers des corps ne seront pas considérés comme militaires et seront également libres.

Art. 3. — Les armes ainsi que tout le matériel de la Place, consistant en canons, chevaux, caisses de guerre, équipages de l'armée, munitions, etc., seront laissés à Verdun à des commissions militaires nommées par le Général commandant supérieur, qui les remettront immédiatement à des commissaires prussiens, pour être rendus à la France au moment de la paix. Les troupes, sans armes, seront conduites rangées par corps et en ordre aux lieux indiqués pour chaque corps, elles conserveront leurs sacs et leurs effets.

Les officiers rentreront alors librement dans la ville de Verdun sous la condition de s'engager sur l'honneur à ne pas quitter la Place sans l'autorisation du commandant prussien.

Art. 4. — Les officiers et assimilés qui engageront leur parole d'honneur par écrit de ne pas porter les armes contre l'Allemagne et de n'agir contre aucun de ses intérêts pendant la guerre actuelle, ne seront pas faits prisonniers de guerre. Les officiers et assimilés qui opteront pour leur captivité et qui engageront leur parole d'honneur de se trouver au jour fixé dans une place désignée d'avance, seront libres de s'y rendre isolément. Les uns et les autres conserveront leurs armes, leurs effets et leurs chevaux.

Art. 5. — Les médecins militaires resteront en arrière pour prendre soin des blessés, ils seront traités suivant la convention de Genève. Il en sera de même du personnel des hôpitaux.

Art. 6. — La ville de Verdun sera dispensée de toute contribution de guerre et de réquisition en argent. Les personnes, les propriétés, les établissements civils et religieux seront respectés.

Autant que possible, les troupes prussiennes seront logées dans les bâtiments militaires, sauf le cas de passage extraordinaire de troupes.

Art. 7. — Toutes les administrations publiques, les tribunaux civils et de commerce, le notariat, le commerce et l'industrie fonctionneront librement.

Art. 8. — Les questions de détail qui pourront se présenter seront réglées ultérieurement dans un appendice qui aura la même valeur que la présente convention.

Verdun, le huit novembre mil huit cent soixante-dix.

Von GAYL. — Baron GUÉRIN DE WALDERSBACH.

En conséquence, le général commandant supérieur ordonne que les armes des troupes de la garnison seront retirées dans chaque corps et déposées en magasin demain 8 novembre, dans la matinée, ces armes devant faire retour à l'État.

Le général recommande d'éviter toute espèce de dégradations.

A dater du même jour, le service de la Place sera fait par la garde nationale sédentaire qui devra être désarmée à son tour le 9 au matin.

La capitulation connue, notre brave population songea à tous ses défenseurs qui, la bourse bien légère, allaient partir pour la Prusse. Une souscription pour eux fut résolue et l'appel suivant adressé à tous :

VERDUNOIS,

Placés depuis près de 3 mois sous le régime de la loi martiale, que pouvions-nous, qu'avions-nous à faire?

Obéir, et défendre en combattant, notre patrie, notre cité. Avons-nous failli?

Alors que les uns, à leurs canons et aux remparts, répondaient sans trêve, sans repos au feu meurtrier de l'ennemi, les autres, sous une pluie de bombes et d'obus, éteignaient les nombreux incendies qui dévoraient notre cité, étançonnaient les maisons effondrées, relevaient les morts, pour, dans un solennel moment, militaires et civils confondus, tristes, mornes, mais non abattus, sans proférer une plainte, un murmure, rendre les derniers devoirs aux victimes du fléau de la guerre.

Voilà ce que nous avons fait; l'histoire nous jugera.

Aujourd'hui on nous apprend, que, toujours d'après le régime martial, nous avons à déposer les armes, à recevoir l'ennemi dans nos murs, à nous séparer de nos braves soldats, de ceux qui étaient avec nous à Thierville, à Baleicourt, de ceux enfin qui à Belleville, à Blâmont, nous aidaient à enclouer les pièces déjà prêtes à vomir sur nous la destruction et la mort.

Nous séparerons-nous ainsi? Ils vont rejoindre en captivité nos enfants, nos frères, nos amis, sans pouvoir serrer la main à leurs pères, à leurs mères qu'ils ne reverront peut-être plus. Oh! douloureuse pensée! que du moins ils emportent nos regrets impuissants, qu'ils deviennent nos fils pour ce moment suprême, de cœur nous nous associons à leur triste sort, nos bourses nous les épuiserons, c'est tout, hélas! ce qu'il nous est possible de faire...

NOUS LE FERONS!

Un Verdunois.

Une souscription sera faite à domicile.

C'est une triste chose qu'une armée indisciplinée obligée de se rendre! Jetons un voile sur ces scènes de désordre, d'insubordination, de sale orgie et de gaspillages qui ont arrêté le noble élan de notre population et empêché cette souscription déjà commencée.

Enfin, nous voici au 9 novembre, date néfaste qui restera dans les souvenirs de tous les Verdunois comme l'une des plus cruelles de leur histoire. L'ennemi foulait notre sol et se logeait militairement dans nos maisons. Nous lui devons cependant cette justice : c'est qu'il est entré sans appareil et qu'il semblait ainsi respecter notre douleur.

659.—Verdun, imp. de Ch. Laurent.

www.ingramcontent.com/pod-product-compliance
Lightning Source LLC
Chambersburg PA
CBHW060911050426
42453CB00010B/1660